Hashtag-Marketing

Cómo puedes encontrar lectores y clientes con marketing de hashtag

-

¡Sencillo, rápido, gratis!

Sebastian Merz

FSC
www.fsc.org
MIXTO
Papel procedente de fuentes responsables
Paper from responsible sources
FSC® C105338

Impreso y editado por Books on Demand GmbH
info@bod.com.es - www.bod.com.es
Impreso en Alemania – Printed in Germany

ISBN: 978-8-4132-6658-9

Información General

Inhaltsverzeichnis

Prefacio

¡Hola!

Después de haber consultado a personas privadas, empresas y organizaciones que han sido las más exitosas durante años, he decidido publicar mi conocimiento. Al hacerlo quiero ayudar a muchas empresas a las que no consulto personalmente. De esta manera podrás activarte con el fin de conseguir una ventaja de marketing decisiva.

En este libro voy a mostrarte, cómo se puedes utilizar hashtags para atraer mucha más atención para tus productos, servicios y otros objetivos. Al final, también venderás más. Aprenderás a hacer lo correcto para que tus mensajes se distribuyan a través de la web, como un virus, y sean leídos por las personas a las que están dirigidos - y los que de otro modo no habrían alcanzado.

En esta estrategia no importa si tu empresa está fuera de internet (en el mundo real) o en línea (en Internet). Tampoco tiene importancia si se trata de una pequeña empresa o una corporación global. Las empresas y organizaciones de todos los tamaños, sectores y nacionalidades han logrado multiplicar su éxito con este conocimiento.

Los Hashtags pueden utilizarse, entre otras cosas, en las siguientes plataformas sociales: Twitter (el inventor del hashtag), Facebook, Instagram, YouTube, Imgur, Tumblr, Pinterest, Giphy, Vine, Google+ y Kickstarter. Aquí tienes la oportunidad de alcanzar a millones de clientes potenciales, lectores y seguidores.

Lo que es más, el hashtag también puede ser procesado por el motor de búsqueda de Google. Si realmente entras en el marketing de hashtags, puedes lograr un mayor ranking en Google.

El marketing de hashtag es una forma muy joven de marketing. Dará frutos activarlo ahora, y aprovechar la oportunidad.

¿Supongo que te he hecho lo suficientemente curioso como para seguir leyendo?

¡Buena suerte con tu próximo negocio!

Atentamente, Sebastian Merz

¿Qué son los hashtags?

Los Hashtags son palabras clave que comienzan con un #. Todo el mundo puede generar nuevos hashtags y utilizar los ya existentes para sus mensajes.

Su generación es simple:

- Los Hashtags siempre comienzan con #.
- Los Hashtags son idealmente breves y fácilmente reconocibles. Pueden incluir palabras o abreviaturas como #HSV o #vacation.
- No hay espacios en los hashtags.
- Para una mejor legibilidad puedes unir varias palabras en mayúsculas o minúsculas, como #JohnFKennedy

- El uso de diéresis es permitido, pero sólo debe utilizarse si el público objetivo tiene un teclado que los incluye. Si usted desea ganar clientes en los EE.UU., el uso de diéresis no tiene sentido.

- Los Hashtags deben estar compuestos por palabras fácilmente memorables. Mientras más simples que son, más fácil se encuentran.

- Los caracteres especiales no están permitidos.

- Puedes usar hashtags preestablecidos, para "aferrarte" a ellos (más sobre esto más adelante).

Los Hashtags pueden ser utilizados como palabras clave, por así decirlo. Tienen que ver con la clasificación de tus propios mensajes, y darles a las personas interesadas la posibilidad de encontrar lo que están buscando.

El uso de hashtags

Los Hashtags se pueden utilizar de muchas maneras. Dependiendo de tu objetivo, puedes utilizar un hashtag preexistente o tratar de establecer tus propios hashtags. Las aplicaciones prácticas son:

#berlin

Por supuesto, el hashtag #berlin ya es utilizado por otras personas. Aun así, puede ser útil seleccionarlo. De esa manera puedes decirles a las personas que estás abriendo un nuevo local de negocios, o si tienes una oferta específica para Berlín. En ese caso, podría ser mejor, sin embargo, utilizar términos aún más localizados como #charlottenburg o # Kurfürstendamm. De esa manera atraerás a los clientes a tu artículo web, y al final a tus ofertas.

#aquarium

Si la publicación se supone que atraiga a las personas que están interesadas en el tema del acuario, el uso de estos términos o categoría de productos es interesante. El punto es principalmente "aparecer" en el contexto de un tema a corto plazo. Seguirás siendo un seguidor al hacer esto, en vez de dominar el tema, pero uno u otro usuario todavía encontrarán tu artículo y tus ofertas.

#wxydolls

Si tu producto se llama WXY-Dolls o eres el propietario de la compañía WXY y vendes muñecas, puede ser conveniente utilizar un hashtag individual con el fin de construir la marca. Es muy posible que ganes un ranking muy alto muy rápidamente con esta palabra clave, ya que apenas es utilizada por cualquier otra compañía. Eso proporciona visibilidad y fortalece la lealtad del cliente.

Tal vez te estás preguntando por qué debes hacer todo esto. Bueno, eso es simple: Como siempre en Internet, se trata de ser encontrado. Sólo las personas que pueden encontrarte también pueden contactarte. Porque leen tu información publicada o porque reaccionan a tu llamado a la acción y siguen el enlace en tu publicación.

Lo que se utiliza mucho menos de lo que debería ser, son los hashtags en Facebook - como una alternativa gratis para los anuncios pagables.

¿Cómo puedo encontrar los mejores hashtags?

Buscar hashtags que se ajusten a tu empresa puede ser bastante aventurero. Puedes buscar en las plataformas de medios sociales y pasar muchas (más o menos) horas de entretenimiento.

El motor de búsqueda para hashtags

Una gran alternativa es trabajar con el sitio web Hashtagify.me. El sitio actualmente solo está disponible en Inglés, pero todavía es gratis y sobre todo fácil de entender. Incluso si no sabes hablar Inglés, encontrarás tu camino en el sitio con bastante rapidez. Si eres un proveedor de servicios en el área de marketing de medios sociales, también debes echarle un vistazo a los servicios de pago.

En el cuadro de búsqueda puedes introducir todos los hashtags. De esa manera podrás averiguar qué nivel de popularidad tiene el searchtag.

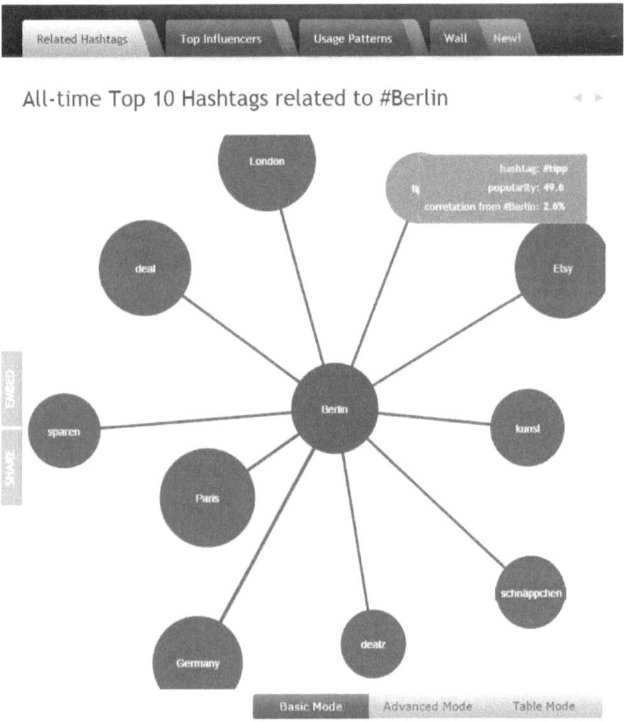

En el cuadro de abajo, puedes ver el hashtag cloud. En él, puedes ver los hashtags que están conectados a tu hashtag. Naturalmente, los hashtags pueden ser utilizados de manera diferente por diferentes posters en todo el mundo. Comprobar los resultados "con sentido común" es siempre recomendable. Al hacer clic en los términos respectivos puedes comprobarlos. Si pasas el cursor sobre la palabra, se muestra la popularidad y la tasa de solapamiento. Una tasa baja significa que los hashtags han sido rara vez utilizados conjuntamente en la misma publicación. Una alta tasa de solapamiento, sin embargo, significa que los dos hashtags se producen a menudo en la misma publicación.

La etiqueta "Wall" te dará una idea de los mensajes, incluyendo el hashtag correspondiente en las principales plataformas de medios sociales.

¿Para qué utilizamos esta información?

Los resultados de la búsqueda de Hashtagify.me se pueden utilizar de diversas maneras. Los valores con alta popularidad te dan pistas importantes sobre dónde podría dar frutos "aferrarse". De esta manera podrás transmitirles tu mensaje a las personas que ya han estado buscando este tema. En el caso de una palabra clave de búsqueda muy popular, tus palabras "desaparecerán en el fondo" con bastante rapidez. Es por eso que elegir un término que no es tan popular podría ser la opción inteligente, así tu mensaje tiene menos competencia.

Otra estrategia incluye hashtags con muy poca popularidad. Aquí puedes dominar un término y atraer a tu propia audiencia. Pero incluso las personas que buscan este término exacto te descubrirán directamente de esa manera.

Puedes pensar en ello como una optimización de los motores de búsqueda de Google. Si deseas aparecer en la primera página de resultados de la palabra clave "Seguro", tienes que poner un gran esfuerzo. Si simplemente quieres estar en la primera página para la palabra clave "Seguro para conejitos", es mucho más fácil.

Comprender las abreviaturas de los hashtags

Si entras en contacto con los lectores en los medios de comunicación social, a menudo encontrarás etiquetas como #lol o #rofl. Muchas personas - incluso muchos jóvenes - utilizan estos términos sin conocer realmente lo que significan. Pero si quieres ganarte a las personas y tú oferta, debes trabajar un poco en esto.

Existe una página web para eso también. Incluso ofrece la posibilidad de cambiar el idioma, mientras que el número de entradas en alemán es bastante bajo.

Tagdef.com es una simple página web en la que puedes introducir el término en cuestión en el cuadro de búsqueda. Si existe, el sitio web te mostrará lo que significa el término y qué hashtags están conectados o relacionados con él.

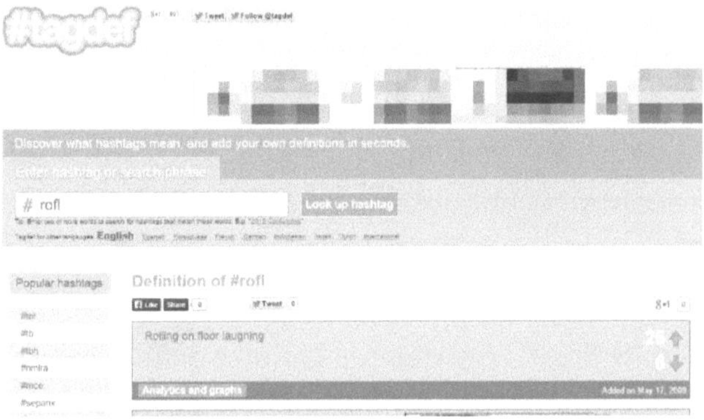

Además, puedes utilizar el cuadro "Análisis y Gráficos" para mostrar con qué frecuencia se ha utilizado la respectiva etiqueta.

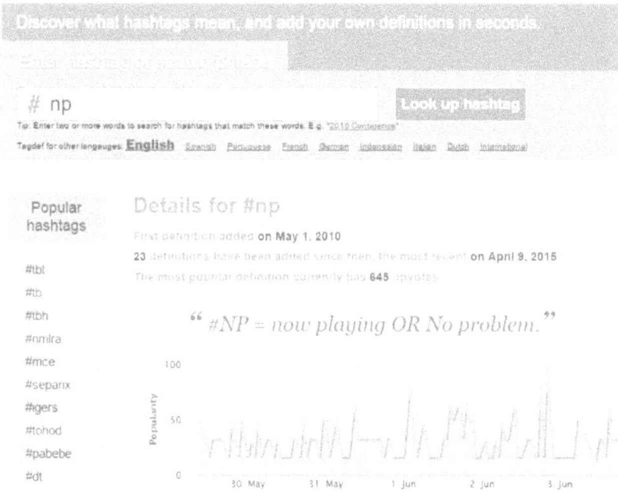

Este sitio es un diccionario de abreviaturas para los hashtags, por así decirlo.

Hashtags en Twitter

El tamaño de los mensajes en Twitter es limitado a 140 caracteres. Eso también impacta el uso de hashtags. No puedes incluir docenas de hashtags en un mensaje, por lo que debes seleccionar los más prometedores.

A menudo puedes ver que los usuarios de Twitter se envían el mismo Tweet con diferentes hashtags, o en un corto período de tiempo envían varios Tweets con diferente contenido y diferentes hashtags. Muchos seguidores se sentirán frustrados y "dejaran de seguir", si reciben el mismo mensaje tres veces o reciben correo basura por el gran número de mensajes.

Los adjuntos para Tweets, especialmente imágenes, no son vistos como caracteres separados. Eso abre una posibilidad maravillosa para generar más atención para un Tweet, ya que muestra las imágenes (dependiendo del cliente de Twitter) y deja que el mensaje sobresalga de muchos otros Tweets.

Una extensión interesante para el navegador Google Chrome, Firefox y Apple Safari es Ritetag (www.ritetag.com). Si instalas este pequeño programa en tu navegador, los textos introducidos son analizados para posibles hashtags. El software es gratuito durante treinta días. Después hay varias ofertas para tasas moderadas, dependiendo de la cantidad de cuentas de Facebook, Google + y Twitter que deseas utilizar para esto.

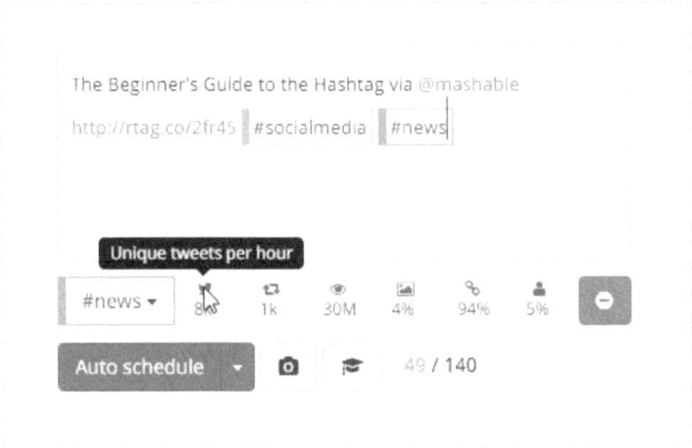

Ritetag te dice, al introducir un texto, si el hashtag se utiliza en todo o se utiliza con demasiada frecuencia. También aprenderás cuántos retweets hay para el término, y cuántos lectores potenciales por hora alcanzarás con el hashtag. Hay mucha más información a tu disposición. Si deseas utilizar hashtags profesionalmente, es probable que no saques ventaja de esta herramienta.

Hashtags en Instagram

Contrariamente a Twitter, el número de caracteres no está limitado en Instagram. Por eso puede ser que sea estratégicamente inteligente agregar varios hashtags populares a tus propios hashtags del nicho.

Uno podría preguntarse si debe jugar varios canales o concentrarse en Facebook y Twitter. Eso siempre depende del público objetivo. Si tus clientes (y clientes potenciales) sólo están presentes en Facebook, no tiene sentido perder el tiempo con otros canales. Si tus clientes están presentes en varias plataformas, debes utilizar todas las oportunidades de publicidad gratuita. En este sentido, una gran cantidad de mensajes simultáneos es menos importante que una presencia realmente consistente.

Dependiendo de la oferta ha sido exitoso agregar algunas etiquetas populares a los hashtags de tu nicho, conectado a muchos usuarios que, idealmente, muestran una gran afinidad con el tema. Pero eso también es una cuestión de opinión. Algunos "expertos" cuentan con etiquetas populares arbitrarias, lo que hace generar tráfico, pero casi no hay ventas. Puedes encontrar las etiquetas pertinentes en top-hashtags.com.

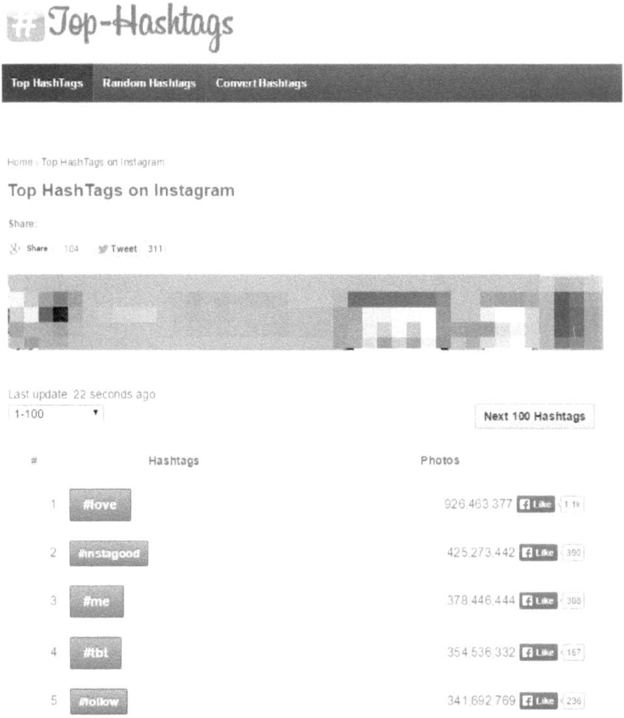

Aquí puedes buscar a través de los 20.000 principales hashtags, pero también puedes introducir etiquetas deseadas. Haz clic en el respectivo hashtag, y se te mostrará una lista de etiquetas que han sido utilizadas en combinación con el término deseado.

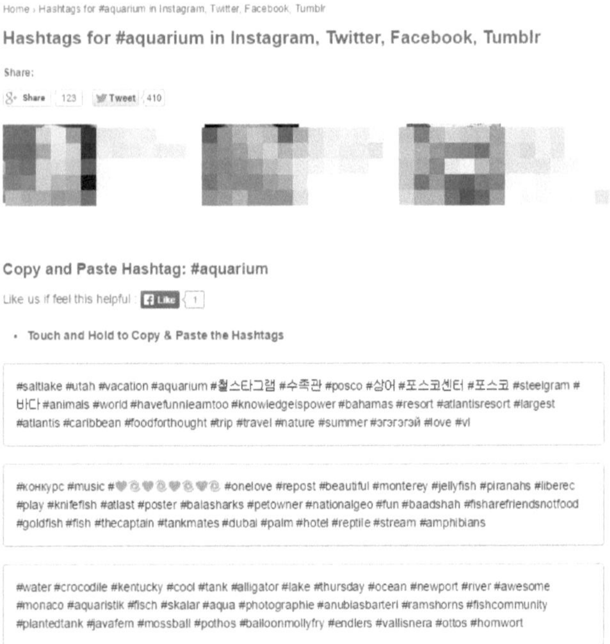
Home › Hashtags for #aquarium in Instagram, Twitter, Facebook, Tumblr

Hashtags for #aquarium in Instagram, Twitter, Facebook, Tumblr

Share:

Share 123 Tweet 410

Copy and Paste Hashtag: #aquarium

Like us if feel this helpful : Like 1

- **Touch and Hold to Copy & Paste the Hashtags**

#saltlake #utah #vacation #aquarium #철스타그램 #수족관 #posco #상어 #포스코센터 #포스코 #steelgram #바다 #animals #world #havefunnlearntoo #knowledgeispower #bahamas #resort #atlantisresort #largest #atlantis #caribbean #foodforthought #trip #travel #nature #summer #эгэгэгэй #love #vl

#конкурс #music # #onelove #repost #beautiful #monterey #jellyfish #piranahs #liberec #play #knifefish #atlast #poster #balasharks #petowner #nationalgeo #fun #baadshah #fisharefriendsnotfood #goldfish #fish #thecaptain #tankmates #dubai #palm #hotel #reptile #stream #amphibians

#water #crocodile #kentucky #cool #tank #alligator #lake #thursday #ocean #newport #river #awesome #monaco #aquaristik #fisch #skalar #aqua #photographie #anubiasbarteri #ramshorns #fishcommunity #plantedtank #javafern #mossball #pothos #balloonmollyfry #endlers #vallisnera #ottos #hornwort

Sin embargo no debes exagerar. La mayoría de los lectores no toman amablemente la costumbre de escribir mensajes que consisten enteramente de hashtags.

Hashtags en Facebook

En Facebook el problema con los caracteres limitados, como en Twitter, no existe. Al igual que en Instagram puedes escribir mensajes largos con muchos hashtags. La extensión Ritetag antes mencionada se puede utilizar aquí también.

En Facebook, los hashtags se pueden buscar simplemente introduciéndolos en el cuadro de búsqueda. Alguien que entra #spencertracy mostrará todos los mensajes que utilizan dicho hashtag.

Otras plataformas con soporte hashtag

Hashtags en Tumblr

Los Hashtags en Tumblr están profundamente integrados en la característica de búsqueda. Influencian los resultados de búsqueda de forma positiva. En cualquier caso, se debe combinar con una imagen significativa en el formato * .gif.

Hashtags en Google+

Especialmente interesante, en el caso de Google +, es la característica siguiente: Cuando buscas un hashtag (entrar con #), Google muestra un cuadro especial con otros hashtags que las personas buscan para el mismo hashtag que también han estado buscando.

Utilizada correctamente, esta función puede ser muy valiosa. Por un lado, muestra los hashtags que tienes que usar para el público objetivo con el fin de atraer su atención. Por otro lado, nos da la oportunidad de optimizar tus hashtags existentes.

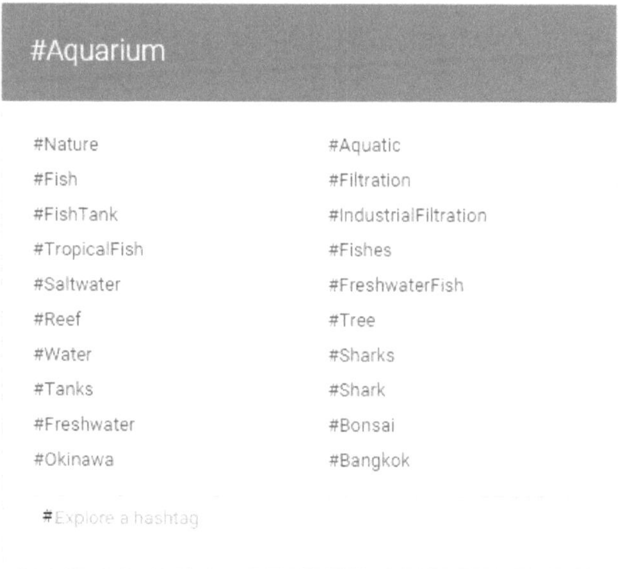

Al hacer clic en un hashtag, se muestran las entradas con este hashtag.

Google+ también soporta Ritetag. (Para más información, consultar la sección "Twitter".)

Hashtags en Youtube

¿Alguna vez has pensado en crear tu propio canal en YouTube para tu marketing? Si no lo tienes, deberías. ¡Hay mucho potencial allí!

Los Hashtags se pueden utilizar para tus propios vídeos subidos, así como para los comentarios. Para tu propio canal, puede ser interesante que los hashtags mejoran los resultados de búsqueda de YouTube. Según los expertos, Google como propietario de YouTube está realmente interesado en optimizar aún más las características del hashtag. En este sentido, puede dar resultados utilizar hashtags aquí también.

Hashtags en Vine

En caso de que no conozcas Vine: Vine es una aplicación dirigida a los usuarios de telefonía móvil, que funciona de forma similar a Twitter, pero se centra en imágenes y videos, y también pertenece a la corporación Twitter.

Los Hashtags se pueden investigar a través de un cuadro de búsqueda, donde se hace clic en el botón "Etiquetas". Especialmente plataformas que, en comparación con Facebook, tienen más de un nicho de caracteres (aunque incluso Vine tiene millones de usuarios) tienen un gran potencial. Aquí es más fácil aducir ciertos hashtags, y los hashtags populares no son todo lo que "abunda".

Hashtags en Pinterest

En Pinterest, los resultados de la búsqueda también son influenciados positivamente por los hashtags. Si no los utilizas, siempre se tiende a alinear detrás de los mensajes de las personas que los utilizan.

Hashtags en Giphy

¿Nunca has oído hablar de Giphy.com? Entonces estas en buena compañía. Esta plataforma es una plataforma de nicho también, centrándose en gifs animados.

Al igual que Twitter o Instagram, la función de búsqueda en Giphy consiste, en gran parte, en los hashtags. Si has animado gifs o si ves a tu público objetivo entre los usuarios de esta plataforma, utilizando hashtags aquí definitivamente vale la pena.

Hashtags en Kickstarter

Kickstarter es una de las más exitosas plataformas de financiamiento internacionales. El usuario quiere tener sus propios proyectos financiados por los usuarios de Kicksterter. Como agradecimiento por su apoyo, este último no recibe dinero, pero, por ejemplo, una muestra del producto que se creó, o alguna otra forma de reconocimiento. Si tienes un proyecto como este (o si quieres saber más acerca de los proyectos innovadores), debes darle una mirada más cercana a esta plataforma.

Kickstarter soporta hashtags también, pero en la actualidad los usuarios no los utiliza mucho. Eso puede ser una ventaja. Si lo haces de manera diferente y resulta en una mejor clasificación para tu proyecto, las partes más interesadas te encontrarán.

Hashtags en Imgur

Imgur es una plataforma para compartir imágenes que está en constante crecimiento. Aquí también puedes buscar hashtags, aunque al igual que en Kickstarter los usuarios apenas los utilizan. Por lo tanto, la oportunidad de obtener tus propias entradas hasta la más alta clasificación utilizando hashtags es bastante alta.

Hashtags populares

Si deseas ampliar tu público objetivo a través del uso de hashtags pertinentes, debes pensar en los hashtags que están actualmente "dentro" y son populares. Estos son los que la gente busca, y los que la gente sigue.

En este sentido, hay dos opiniones opuestas. Un campo piensa que sólo debes atraer a las personas que ya están interesadas en los productos. El otro campo piensa que una gran cantidad de visitantes también generará uno u otro cliente interesado.

En mi experiencia, primero debes apoyar el público objetivo, los clientes existentes, y las partes interesadas. Nada va en contra de hacerse notar por otras personas, y "arriesgarse" que uno u otro queden apegados.

Con el fin de encontrar hashtags populares, quiero presentarte algunos sitios web especializados:

El más fácil es el cuadro "Trending Now" en la página principal de Yahoo.com. Aquí puedes ver los temas más actuales. Incluso si esto no gira explícitamente alrededor de los hashtags: En principio puedes convertir cualquier término en un hashtag. Si Clint Eastwood se encuentra actualmente en el centro de atención, puedes apostar que hay alguien en busca de esa etiqueta. Por lo tanto, podría ser una buena idea usar #clinteastwood al final de una publicación.

Una búsqueda basada en los hashtags de Twitter es lo que el sitio web trendinghashtags.com ofrece. Los hashtags exhibidos se refieren a todos los idiomas. También puedes buscar a través del archivo y hacer clic en el término que muestra los mensajes correspondientes de Twitter.

Otro sitio web que ofrece términos populares se hace por Google. El servicio www.google.ch/trends, sin embargo, quiere que el usuario inicie sesión en Google. Lo que hace que este sitio sea interesante es que se puede filtrar según el país. Los términos relevantes en su mayoría se pueden convertir en hashtags.

Google+ incluye también una pantalla de tendencias, a la que puedes acceder a través de la función "Explorar". Aquí puedes ver los resultados principales, así como el desarrollo de su popularidad. Haz clic en uno de los resultados y puedes acercarte a la vista del hashtag, con hashtags que las personas pertinentes han buscado también.

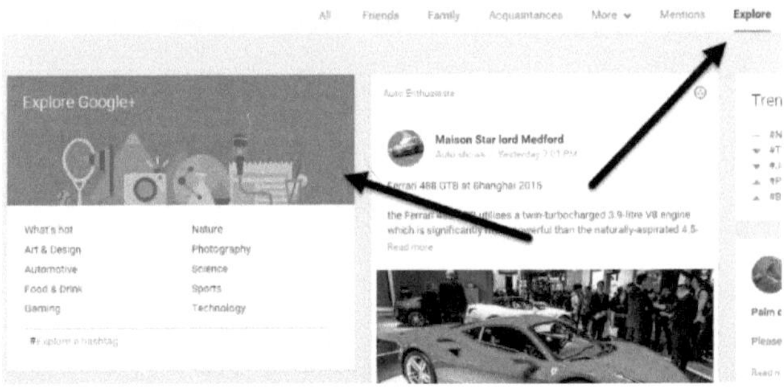

Un sitio web aún más potente es trendsmap.com. Aquí incluso puedes escalar hasta el nivel de la ciudad. Aquí puedes ver qué términos son más buscados en Berlín. Lo que es interesante es la búsqueda en las categorías Hashtags y palabras. Esta última se puede convertir en hashtags. Pero muchas características en este sitio son basadas en honorarios.

Si trabajas con hashtags populares, tienes que considerar que las cosas populares están en constante cambio. Los miriñaques y carruajes tirados por caballos también "existieron" algún día. Un ajuste constante es necesario.

Otro sitio web para encontrar hashtags populares es statweestics.com. Este sitio te muestra los hashtags actualmente populares, así como los términos más populares del día, semana, mes y año, incluyendo sus tendencias. El conjunto de características probablemente será mejorado.

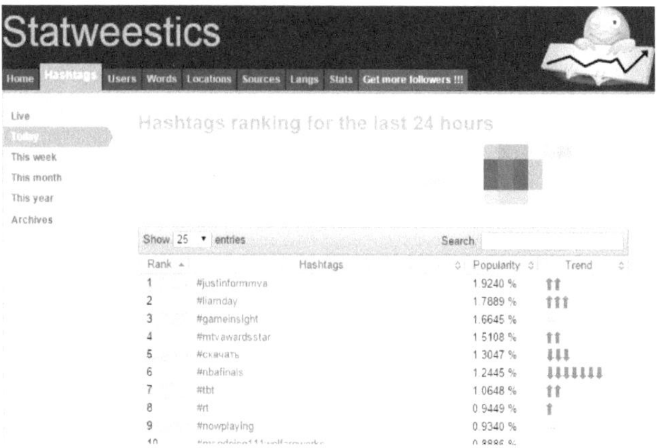

Por qué no debes comprar fans o seguidores

Muchos sitios web sobre el tema del marketing en línea incluyen ofertas para comprar seguidores en Twitter, me gusta de Facebook o aficionados. No deberías hacer eso. Naturalmente, la gente se dará cuenta si la panadería local se encuentra de repente un millar de nuevos fans. Lo cual es más extraño si todos ellos provienen del extranjero. Realmente no puede ser más obvio.

Comprar lectores no tiene sentido en otros aspectos. La mayoría de los perfiles se crean con el único propósito de poner "me gusta" en tantos sitios web como sea posible para ganar dinero. Estos lectores en realidad no existen. Estas personas no van a comprar de ti, o van a generar clientes u otros recomendantes. Después de algún tiempo se vuelven más una carga. Guarda el dinero, e invierte algo de tiempo en el marketing del hashtag.

Si necesitas ayuda

¿Tienes más preguntas sobre el tema o estás buscando un proveedor de servicios que pueda ayudarte con el marketing del hashtag? Contáctanos en:

hashtag.buch@gmail.com

Atentamente, Sebastian Merz + Equipo